VENTE A PARIS
Les Mardi 1er et Mercredi 2 Mai 1906
HOTEL DROUOT, SALLE N° 8

MONNAIES ROMAINES

MONNAIES FRANÇAISES & ÉTRANGÈRES

MÉDAILLES ET JETONS

LIVRES DE NUMISMATIQUE

PROVENANT POUR LA PLUS GRANDE PARTIE DE LA COLLECTION DE

feu M. LE Dr LECLER DE ROUILLAC

COMMISSAIRE-PRISEUR :	EXPERT :
Me MAURICE DELESTRE	M. ETIENNE BOURGEY
5, RUE SAINT-GEORGES, 5	19, RUE DROUOT, 19

PARIS

ADRESSE TÉLÉGR. ÉTIENBOURG-PARIS

MONNAIES ROMAINES

MONNAIES FRANÇAISES ET ÉTRANGÈRES

MÉDAILLES ET JETONS

LIVRES DE NUMISMATIQUE

Provenant pour la plus grande partie de la Collection de
feu M. le Docteur Lecler de Rouillac

VENTE AUX ENCHÈRES PUBLIQUES

A PARIS, HOTEL DES COMMISSAIRES-PRISEURS, RUE DROUOT, 9

SALLE N° 8, AU PREMIER ÉTAGE

Les mardi 1 et mercredi 2 Mai 1906

A DEUX HEURES PRÉCISES

EXPOSITION PUBLIQUE UNE HEURE AVANT LA VENTE

COMMISSAIRE-PRISEUR :	EXPERT :
Me Maurice DELESTRE	M. Etienne BOURGEY
5, rue Saint-Georges	*19, rue Drouot*

PARIS

Exposition particulière :

Le lundi 30 avril, chez M. Étienne Bourgey, expert, 19, rue Drouot (Téléphone 274-64).

Exposition publique :

Les mardi 1 et mercredi 2 mai, Hôtel des ventes, salle 8, une heure avant la vente.

La vente aura lieu au comptant.

Les acquéreurs paieront dix pour cent en sus des enchères.

L'authenticité des pièces est absolument garantie, sauf indication contraire.

L'exposition mettant les acheteurs à même de juger de l'état des pièces, aucune réclamation ne sera admise aussitôt l'adjudication prononcée.

M. Etienne Bourgey, 19, rue Drouot, se charge, aux conditions habituelles (5 o/o sur la limite), des commissions qui lui seront confiées.

L'ordre du catalogue sera suivi. L'expert se réserve le droit de diviser ou de réunir les lots.

MONNAIES ROMAINES

1 **République** (1). Incertaines (B. p. 39, 2 et p. 40, 6). *Aburia* (B. 6). *Acilia* (B. 8). *Æmilia* (B. 8, 10, 22). Arg. Ens. 7 p.

2 *Afrania* (B. 1). *Antestia* (B. 1, 9). *Antonia* (B. 1). *Appuleia* (B. 1). *Atilia* (B. 1, 9). Arg. Ens. 7 p.

3 *Baebia* (B. 4, 12). *Caecilia* (B. 14, 21). *Calpurnia* (B. 11, 12, 24). Arg. Ens. 7 p.

4 *Carisia* (B. 1). *Cassia* (B. 1, 10). *Cipia* (B. 1). *Claudia* (B. 1, 2, 5, 14). Arg. Ens. 8 p.

5 *Cloulia* (B. 1). *Coilia* (B. 3). *Coponia* (B. 1). *Cordia* (B. 1). *Cornelia* (B. 44, 50). Arg. Ens. 6 p.

6 *Crepusia* (B. 1). *Cupiennia* (B. 1). *Curiatia* (B. 1, 2). *Curtia* (B. 2). *Decimia* (B. 1). Arg. Ens. 6 p.

7 *Domitia* (B. 1, 7). *Fabia* (B. 1, 1 incuse, 14). *Farsuleia* (B. 2). Arg. Ens. 6 p.

8 *Flaminia* (B. 1). *Fonteia* (B. 1, 9, 11). *Fufia* (B. 1). *Furia* (B. 18). Arg. Ens. 6 p.

9 *Gellia* (B. 1). *Hosidia* (B. 1). *Hostilia* (B. 5). *Julia* (B. 4, 5, 10). Arg. Ens. 6 p.

10 *Junia* (B. 8, 15). *Licinia* (B. 7). *Lucilia* (B. 1). *Lucretia* (B. 1). *Maenia* (B. 7). Arg. Ens. 6 p.

11 *Maiania* (B. 1). *Mallia* (B. 1, 2). *Manlia* (B. 3, 7). *Marcia* (B. 19, 42). Arg. Ens. 7 p.

12 *Memmia* (B. 8). *Minucia* (B. 9, 15, 19). *Mussidia* (B. 8). *Naevia* (B. 6). Arg. Ens. 6 p.

13 *Norbana* (B. 2). *Papia* (B. 2). *Papiria* (B. 6, 7). *Petilia* (B. 3). *Pinaria* (B. 2). Arg. Ens. 6 p.

14 *Plautia* (B. 14). *Plutia* (B. 1). *Pompeia* (B. 1, 5). *Porcia* (B. 1, 3, 7). Arg. Ens. 7 p.

15 *Postumia* (B. 1, 8, 10). *Procilia* (B. 1, 2). *Quinctia* (B. 2, 6). Arg. Ens. 7 p.

16 *Renia* (B. 1). *Rutilia* (B. 1). *Saufeia* (B. 1). *Scribonia* (B. 1). *Sempronia* (B. 2). *Sentia* (B. 1). Arg. Ens. 6 p.

17 *Sergia* (B. 1, 1 incuse). *Servilia* (B. 12). *Terentia* (B. 10). *Thoria* (B. 1). *Titia* (B. 1, 2). Arg. Ens. 7 p.

(1) Toutes ces pièces sont des deniers d'argent — en général B. Les numéros entre parenthèses se rapportent à l'ouvrage de M. Babelon : Monnaies de la République Romaine.

18 *Tituria* (B. 1, 3, 4, 5). *Tullia* (B. 1). *Valeria* (B. 7, 11, 11 incuse). Arg. 8 p.

19 *Vargunteia* (B. 1). *Veturia* (B. 1). *Vibia* (B. 1, 24). *Volteia* (B. 1) et deux pièces incuses. Arg. 7 p.

20 **Empire**. *Sextus Pompée* (C. 2). *Marc-Antoine* (C. 12). Ens. 2 p. Arg.

21 *Lépide et Octave*. Tête de Lépide à dr. ℟. Tête d'Octave à dr. (C. 2). Arg. B.

22 *Octave et Marc-Antoine*. Tête d'Octave à dr. ℟. Tête de M.-Antoine à dr. (C. 8). Arg. Très belle pièce.

23 *Auguste*. Tête laurée à dr. ℟. Caïus et Lucius debout (C. 42). Or. B.

24 — Apollon Citharède (C. 61). Arg. TB.

25 (Aquilia). Tête radiée du soleil. ℟. Quadrige (C. 357). Arg. Beau, rare.

26 (Maria). Quadrige (C. 456). Arg. Beau.

27 *Antonia*. Tête laurée à dr. ℟. Deux flambeaux (C. 4). Or. TB.

28 *Germanicus et Caligula*. Tête nue de Germanicus à dr. ℟. Tête laurée de Caligula à dr. (C. 16). Or. B. Rare.

29 *Caligula et Auguste*. Tête laurée de Caligula à dr. ℟. Tête radiée d'Auguste à dr. (C. 1). Or. TB. Rare.

30 *Claude Ier*. Tête laurée à dr. ℟. La Constance assise à g. (C. 5). Or. B.

31 *Agrippine et Claude*. Tête laurée d'Agrippine à dr. ℟. Tête laurée de Claude à dr. (C. 3). Or. Rare. TB.

32 — La même (C. 4). Arg. Rare. B.

33 *Agrippine et Néron*. Leurs têtes accolées à dr. ℟. Quadrige d'éléphants à g. (C. 4). Arg. Beau. Rare.

34 *Néron*. Tête laurée à dr. ℟. SALVS. La Santé assise à g. (C. 313). Or. B.

35 *Galba*. Tête laurée à dr. ℟. Livie debout (C. 55). Arg. B.

36 *Vitellius*. A. VITELLIVS. GERMAN IMP. TR. P. Tête laurée à dr. ℟. XV. VIR. SACR. FAC. Trépied (C. 113 var.). Or. B. Rare.

37 *Vespasien*. Modius (C. 216). Femme assise (C. 366). — Capricornes (C. 497). Arg. Ens. 3 p. TB.

38 *Vespasien, Titus et Domitien*. Tête laurée de Vespasien à dr. ℟. Têtes affrontées de ses fils (C. 5). Arg. Rare.

39 *Titus*. Tête laurée à g. ℟. Trépied (C. 322). Arg. TB.

40 *Domitien*. Tête laurée à dr. ℟. COS. V. La Louve romaine (C. 50). Or. Très jolie pièce à FDC.

41 — Pallas à g. (C. 283). — Pallas à dr. (C. 381). La Santé (C. 384). Arg. Ens. 3 p. TB.

42 *Domitia*. Son buste à dr. avec la queue. ℟. Enfant entouré d'étoiles (C. 11). Arg. Bon portrait. La légende du ℟ légèrement défectueuse. Très rare.

43 *Nerva* (C. 20). *Trajan* (C. 75, 85, 152, 278). Ens. 5 p. Arg. B et TB.
44 *Adrien.* L'Eternité (C. 128). — L'Abondance (C. 379). — La Santé (C. 1329). — La Sécurité (C. 1399). Arg. Ens. 4 p. TB.
45 *Sabine.* La Concorde assise à g. (C. 25). Arg. Beau.
46 *Ælius.* Tête à dr. ℞. La Piété à dr. (C. 72). Or. B.
47 *Antonin.* Bûcher (C. 164). Arg. TB.
48 — L'Abondance debout (C. 284). Arg. FDC.
49 — DIVO PIO. Autel (C. 357). Arg. FDC.
50 — La Santé debout à g. (C. 735). Arg. TB.
51 *Faustine mère.* L'Eternité debout (C. 26). Arg. FDC.
52 *Marc-Aurèle.* Buste nu à dr. ℞. La Santé à g. nourrissant un serpent (C. 560). Or. TB.
53 — Bûcher (C. 97). Arg. FDC.
54 — La Santé à dr. (C. 139). Arg. FDC.
55 — La Santé debout à g. (C. 543). Arg. FDC.
56 — L'Espérance debout (C. 600). Arg. FDC.
57 *Faustine jeune.* Trône (C. 73). Arg. FDC.
58 — Junon debout (C. 120). Arg. FDC.
59 — La Santé assise à g. (C. 195). Arg. TB.
60 — La Santé debout à g. (C. 197). Arg. FDC.
61 *Lucius Verus.* Bûcher (C. 58). Arg. FDC.
62 — La Paix debout à g. (C. 127). Arg. FDC.
63 *Lucille.* La Concorde assise (C. 6). Arg. FDC.
64 *Commode.* La Fortune (C. 150). Arg. Très beau.
65 — La Santé assise à g. (C. 762). Arg. FDC.
66 *Crispine.* Vénus debout (C. 35). Arg. Très beau.
67 *Pertinax.* Sa tête laurée à dr. ℞. L'empereur sacrifiant à g. (C. 56). Arg. Beau et rare.
68 *Pescennius Niger.* Tête laurée à dr. ℞. La Monnaie debout à g. (C. 56). Arg. Très beau et très rare.
69 *Albin.* Sa tête laurée à dr. ℞. Mains jointes (C. 22). Arg. TB. Rare.
70 *Septime Sévère* (C. 599). *Julie Domne* (C. 150). *Caracalla* (C. 165). Ens. 3 p. Arg. TB.
71 *Plautille.* Vénus et l'Amour (C. 25). Arg. TB.
72 *Macrin.* L'Equité debout (C. 2). Arg. TB.
73 *Elagabale.* L'Equité (C. 92). *Maesa.* La Pudeur (C. 36). *Alexandre Sévère.* Mars (C. 161). Arg. Ens. 3 p. FDC.
74 *Orbiane.* La Concorde assise à g. (C. 1). Arg. AB. Rare.
75 *Maximin Ier.* La Santé assise à g. (C. 85). Arg. FDC.
76 *Maxime.* Instruments de sacrifice (C. 1). Arg. TB. Rare.
77 *Balbin.* Tête radiée. ℞. Mains jointes (C. 6). Arg. TB.

78 *Gordien III*. Buste lauré à dr. ℞. LIBERALITAS AVG. II. La Libéralité debout à g. (C. 129). Or. Très beau, rare.

79 — La Fortune (C. 98). *Philippe père* (C. 25). *Otacilie* (C. 43). *Philippe fils* (C. 17). *Volusien* (C. 94). Bill. ens. 5 p. TB et FDC.

80 *Constance Chlore*. Quatre soldats devant un camp (C. 286). Arg. Beau.

81 *Constance II*. Couronne votive (C. 342). Arg. Beau.

82 *Julien II*. Buste diadémé et barbu à dr. ℞. VIRTVS EXERCITVS ROMANORVM. Julien trainant un captif (C. 79). Or. Superbe pièce.

83 — Couronne votive (C. 159). Arg. B.

84 *Magnus Maximus*. Rome assise de face (C. 20). Arg. B.

85 *Flavius Victor*. Rome assise de face (C. 6). Arg. B.

86 *Honorius*. Buste diadémé à dr. ℞. Honorius à dr., le pied sur un captif (C. 44). Or. FDC.

87 *Théodose II*. Buste casqué de face. ℞. Rome assise à g. (Sabattier v. 1). Or. TB.

88 *Eudoxie*. AEL. EVDOCIA. AVG. Buste à dr. ℞. Croix (S. v. 25). Triens. Or. B. Rare.

89 *Zénon*. Victoire marchant à g. (S. VII. 22). Triens. Or. Beau.

90 *Justinien Ier*. Victoire à g. (S. XII. 5). Triens. Or. FDC.

91 *Maurice-Tibère*. Victoire à g. (S. 5 non gravée). Triens. Or. TB.

92 *Héraclius*. Croix (S. XXVIII. 12). Triens. Or. TB.

93 *Héraclius et Héraclius Constantin*. Leurs bustes de face (S. XXI. 22). Sou d'or globulaire. TB.

94 *Héraclius, Héraclius Constantin et Héracléonas*. Les trois Augustes (S. XXXI. 6). Or. B.

95 *Tibère V*. (S. XXXVII. 25). Demi sou. Or. Beau.

96 *Michel II et Théophile*. Michel II de face. ℞. Théophile de face (S. XLIII. 1). Or. TB.

97 *Constantin X et Romain II*. Les deux Augustes tenant une croix. ℞. Tête du Christ (S. XLVI. 18). Or. TB.

98 *Michel IV*. Son buste de face. ℞. Buste du Christ (S. XLIX. 3). Sou d'or concave. TB. Rare.

98 *bis Michel VII et Marie*. + MIXAHA. S. MARIA. Bustes des deux augustes de face, tenant une croix. ℞. La Vierge de face. Sou d'or (S. LI. 9). TB. Rare.

99 Deniers de l'Empire romain. Arg. 40 p. la plupart B.

MONNAIES CAROLINGIENNES (1)

100 **Pépin-le-Bref.** *Autramnus.* R. P. dans le champ. R. AVTRANO en 3 lignes (G. 2). Arg. Denier. TB. Rare.
101 **Charlemagne.** *Pavie.* CARLVS REX FR. Croix. R. PAPIA. (G. 179). Arg. Denier. TB.
102 — Buste de Grimwald de face (G. 154). Or. Triens. TB.
103 **Louis-le-Débonnaire.** *Bourges.* + HLVDOVVICVS IMP. Croix. R. BITV-RIGES. (G. 40). Arg. Denier. TB.
104 *Melle.* Deniers (G. 68, 70). — LVDO WIC en 2 lignes. R. + METALLVM. Croix. Obole. Ens. 3 p. Arg. TB.
105 HLVDOVVICVS IMP AVG. Buste lauré à dr. R. + METALLVM. Instruments de monnayage (G. 73). Arg. Denier. TB. Rare.
106 *Sens* + HLVDOVVICVS IMP. Croix. R. SENO-NES. (G. 117). Arg. Denier. TB
107 Deniers au temple. Arg. 3 p. B et TB.
108 **Charles-le-Chauve.** *Agen.* + CARLVS REX FR. Croix. R. + AGINNO. Monogr. (G. 26). Arg. Denier. Beau.
109 *Bourges.* + BITVRICES CIVITAS. Monogr. R. + BITVRICES CIVITAS. Croix (G. 46). Arg. Denier. B.
110 *Clermont-Ferrand.* + CARLVS REX. Croix. R. + CLAROMVNT. Monogr. (G. 48). Arg. Denier. TB.
111 *Beauvais.* Denier (G. 49). — *Melle.* Oboles (G. 76, 77). Ens. 3 p. Arg. B et TB.
112 *Chartres.* Denier (G. 73). Arg. TB.
113 *Châlon-sur-Saône.* + ƆIIAOIVS IIIPER. Monogr. R. + CAVNONIS CIVS. Croix (G. 89). Arg. Denier. TB. Rare.
114 *Paris.* Denier (G. 182). Arg. TB.
115 *Rouen.* + GRATIA DI REX. Monog. R. + ROTVMACVS CI (rétrograde). Croix (G. 205 var.). Arg. Denier. B.
116 — Variété (G. 207). Arg. Denier. TB.
117 *Saint-Quentin* (G. 235). Arg. Denier. TB.
118 **Pépin II.** *Toulouse.* + PIPPNVS REX F. Croix. R. + TOLOSA CIVI. Monog. de Pépin (G. 6). Arg. Denier. TB.
119 **Louis II.** *Arles.* + LVDOVVICVS. Croix. R. + ARELA CIVIS. Monogr. (G. 2). Arg. Denier. B.
120 **Louis III.** *Tours.* + MISERICORDIA DI REX. Monogr. R. + TVRONES CIVITAS. Croix (G. 5). Arg. Denier. TB. Rare.
121 **Carloman.** *Limoges.* + CARLOMAN REX. Croix. R. + LEMOVX-CIVIS. Monog. par K. (G. 11). Arg. Denier. Beau et rare.
122 **Charles le Gros.** *Clermont.* (G. 47). Arg. Denier. B.

(1) Les numéros entre parenthèses se rapportent à l'ouvrage de Galeri, *Monnaies Royales de France sous la race Carolingienne.* Strasbourg, 1883.

123 **Eudes**. *Angers*, *Blois*, *Limoges*, *Orléans*. (G. 4, 9, 26, 33). Arg. Deniers. 4 p. TB.

124 **Charles le Simple**. + GRATIA DI REX. Monog. ℟. + ATREBAS CIVI. Croix (G. 3). Arg. Denier. Beau.

125 *Bruges*. BRVCCIA MO. Croix. (G. 7). Arg. Denier. TB.

126 *Chinon*. + CAINON CASTRO. Monog. ℟. + TVRONES CIVITAS. Croix. (G. 20). Arg. Denier. TB. Rare.

127 *Melle*. Denier et obole. **Lothaire**. *Bourges*. Deniers. (G. 9 et 9 var.) Arg. Ens. 4 p. B.

128 — + LOTERIVS REX. Croix. ℟. BITVRICES CIVIS. Temple. (G. 10). Arg. Obole. AB. Rare.

129 *Châlon-sur-Saône*. + LOTARIVS REX. Dans le champ B. ℟. CAVILON CIVIT. Croix. (G. 12). Arg. Denier. B.

130 **Carlovingiens étrangers**. *Lothaire empereur*. Dorestadt. + IOTAMVS IMERAT. Croix. ℟. + DORESTATVS MON. Temple (G. 17). Denier. B.

131 Pavie. + HLOTARIVS IMP. AV. Croix. ℟. PAPIA. (G. 24). Arg. Denier. B.

132 — + LVTHARIVS IMP. Croix et 4 points. ℟. XPISTIANA RELIGIO. Temple. (G. 9). Arg. Denier. TB.

133 **Louis II et Angilberge**. + LVDOVVICVS INP. Croix sur 3 degrés. ℟. + ANGILBERGA NP. Croix. (G. 18). Arg. Denier. TB.

134 *Louis l'Aveugle*. Vienne. + LVDVVICVS MP. R. Monogr. ℟. + VIENNA CIVIS. Croix. (G. 2). Arg. Denier. B.

135 *Bérenger*. BERENGARIVS REX. Croix et 4 points. ℟. XPISTIANA RELIGIO. Temple (G. 6). Arg. Denier. B.

136 *Conrad le Salique*. Lyon. (G. 3). Denier. *Rodolphe III*. Lyon. (G. 1 var.). Denier. Arg. Ens. 2 p. B.

137 *Canut*, roi pirate. Deniers. 2 p. variées. TB.

MONNAIES FRANÇAISES (1)

138 *Hugues Capet et Hérivée*. Denier de Beauvais. (H. 9). — Obole (H. 10). *Robert*. Denier de Laon. (H. 10). Bill. Ens. 3 p.

139 *Hugues*, fils de Robert. Denier d'Orléans. *Philippe Ier*. Denier d'Orléans (H. 10). Bill. 2 p.

140 *Louis VI*. Deniers de Montreuil (H. 21). Nevers. (H. 22.) Orléans (H. 8). Pontoise (H. 6). Bill. Ens. 4 p. B.

141 *Louis VII*. Deniers d'Angoulême (H. 18). Bourges (H. 4). Etampes (H. 6). Langres (H. 17). Mantes (H. 3). Paris (H. 1). Bill. Ens. 6 p. B.

142 *Louis IX*. Gros à l'étoile (H. 9). Arg. FDC.

143 *Philippe III*. Gros tournois. (H. 4, 5). Arg. 2 p. B. et TB.

(1) Les numéros entre parenthèses se rapportent à l'ouvrage d'Hoffmann, *Monnaies Royales de France*.

144 *Philippe IV.* Agnel d'or. Agneau pascal. Dessous PH'REX. ℟ Croix feuillue. (H. 1). TB.

145 Masse d'or. + PHILIPPVS. etc. Le roi assis de face, tenant un sceptre et un lis. ℟. Croix feuillue. (H. 4), TB.

146 — Gros tournois (H. 5). Maille tierce. (H. 7). *Louis X.* Gros tournois (H. 2). Arg. Ens. 3 p. TB.

147 *Philippe V.* Gros tournois (H. 2). — *Charles IV.* Maille blanche (H. 9). — Double parisis (H. 10). — Denier parisis (H. 16). Arg. et bill. Ens. 4 p. B. et TB.

148 Royal d'or. KOL. REX. FRACOR. Le roi sous un dais. ℟. Croix feuillue dans un quadrilobe (H. 2). Très beau.

149 *Philippe VI.* Royal d'or. PH'S. REX. FRACOR. Type du précédent. (H. 1). TB.

150 Ange d'or. PHILIPPVS : D'GRA : FRAC' : REX, Ange tenant une croix et l'écu fleurdelisé, debout sur un dragon. ℟. + XPC : etc. Croix feuillue dans un quadrilobe (H. 12). Très belle pièce.

151 Chaise d'or. + PHILIPPVS : etc. Le roi assis sur un trône gothique. ℟. Croix dans un quadrilobe. (H. 14). Très belle.

152 *Jean le Bon.* Ecu d'or. Le roi assis sur un siège gothique. (H. 1). TB.

153 Mouton d'or. + IOH'REX sous un agneau pascal. (H. 3). TB.

154 Royal d'or. + IOHES : DEI : GRA. etc. Le roi debout sous un dais (H. 8). TB.

155 Gros à la couronne (H. 25). Gros à la fleur de lis (H. 31). Gros patte d'oie (H. 49). Bill. Ens. 3 p. B.

156 *Charles V.* Franc à pied. Le roi debout sous un dais. (H. 2). Or. TB.

157 Gros tournois (H. 6). Blanc aux fl. de lis (H. 7). Bill. 2 p. B.

158 *Charles VI.* Ecu d'or de Montdidier. (H. 1). Or. TB.

159 Gros dit grossus (H. 14). Bill. TB.

160 Patard au dauphin (H. 48). Bill. — Patachina de Gênes. (H. 53). Arg. Ens. 2 p. B. et TB.

161 *Henri VI.* Salut, frappé à Paris. (H. 2). Or. Beau.

162 Blanc aux écus (H. 6). Petit blanc (H. 7). Bill. 2 p. B.

163 Gros, demi-gros, esterlin et demi-esterlin de Calais. Arg. Ens. 4 p. B. et TB.

164 *Charles VII.* Royal d'or. Le roi debout sur champ fleurdelisé (H. 9). TB.

165 Blanc. Petit blanc aux fleurs de lis. (H. 43). Denier tournois (H. 48.) Rare. Double tournois (H. 49). Bill. Ens. 4 p.

166 *Louis XI.* Ecu à la couronne, Bordeaux. (H. 4). Or. Beau.

167 Gros blanc du dauphiné. (Poey d'Av. 4985). Bill. TB. Rare.

168 Gros de roi (H. 12 var.). Blancs (H. 15, 19). Arg. et bill. 3 p. B. et TB.

169 *Charles VIII*. Ecu d'or, Saint-Lô. (H. 2). Beau.
170 *Louis XII*. Ecu au porc-épic. (H. 6). Or. TB.
171 Gros de Milan. Saint Ambroise assis. (H. 92). Arg. TB.
172 Bisonne de Milan. (H. 94). Arg. TB.
173 Patards (H. 100, 101) et demi-patard (H. 102) de Milan. Bill. Ens. 3 p. B. et TB.
174 Teston de Gênes (H. 107). Arg. B. Rare.
175 *François Ier*. Ecu à la croisette, fr. à Turin (H. 12). Or. TB.
176 Demi-écu à la croisette. Toulouse. (H. 13). Or. TB. Rare.
177 Teston frappé à Dijon (H. 44). Arg. B.
178 Teston du Dauphiné (H. 55). Arg. TB.
179 Demi-teston de Bretagne (H. 75). Arg. Beau et rare.
180 Teston à la tête radiée. Lyon. (H. 81). Arg. TB.
181 Demi teston de Gênes. Portail gênois. ℟. Croix (H. 153). Arg. B. Rare.
182 *Henri II*. Teston à la couronne. Lyon, 1552. (H. 32). Arg. TB.
183 Teston au moulin, 1553 (H. 40). Arg. TB.
184 Teston, Lyon, 1553. (H. 65). Arg. Extrêmement beau.
185 Teston, Toulouse, 1559. (H. 62). Arg. TB.
186 Teston, Bayonne, 1559. (H. 67). Arg. Extrêmement beau.
187 Gros de Nesle (H. 70). Douzain, Lyon (H. 74). Douzain aux Croissants (H. 79). Denier tournois (H. 86). Bill. Ens. 4 p. TB.
188 *Charles IX*. Ecu, Lyon, 1566. (H. 1). Or. FDC.
189 Teston, Paris, 1562 (H. 10). Arg. TB.
190 Demi teston. Buste barbu. Toulouse, 1573. (H. 26). Arg. Beau.
191 Essai d'argent du denier tournois. (H. 38). Arg. Très beau et rare.
192 Double sol Parisis (H. 31). Douzain (H. 34). Sol Parisis (H. 43). Bill. Ens. 3 p. B. et TB.
193 *Henri III*. Ecu, Saint-Lô, 1578. (H. 6 var.). Or. TB.
194 Franc, Bordeaux, 1583. (H. 22). Arg. B.
195 Demi-francs de 1588 (H. 23, 26). Arg. 2 p. TB.
196 Demi-franc, Rouen, 1587. (H. 23). Arg. TB.
197 Quart (H. 29) et huitième d'écu (H. 31). Gros de Nesle. (H. 36). Arg. et Bill. Ens. 3 p. TB.
198 ANTS.PRI.D.GRA.ALG.ET.PORT.REX. 1584. Buste lauré à dr. Dessous, A. ℟. SIT.NOMEN.DOMINI.BENEDICTVM. Croix de 4 fleurons fleurdelisés. Au centre PR. Arg. B. De la plus grande rareté.

Imitation de la pièce de Henri III par don *Antonio de Portugal*. Teixeira de Aragao (I. p. 305), décrit une variété de cette pièce conservée au musée de la Haye. C'est le seul exemplaire qu'il ait connu.

199 *Charles X.* Quarts (H. 8) et huitième d'écu (H. 10). — Douzain (H. 13). Arg. et Bill. Ens. 4 p. B.

200 Double sol Parisis. 1591. (H. 11). Arg. Beau, rare.

201 *Henri IV.* Quarts d'écu (H. 21, 25, 29 et 32). Huitième (H. 24). Arg. Ens. 5 p. B. et TB.

202 Quart de franc. Toulouse. (H. 48). Arg. B. Rare.

203 *Louis XIII.* Ecu, Paris, 1642. (H. 6 var.). Or. FDC.

204 Louis, Paris, 1642. (H. 22). Or. Très jolie pièce à FDC.

205 — Demi-louis, Paris. 1642. (H. 24). Or. TB.

206 Quart d'écu. Arras. 1642. (H. 43). Arg. B. Rare.

207 Quarts d'écu (H. 30, 47). Teston. (H. 72). Arg. Ens. 3 p. B.

208 Louis d'argent de 60 sols ou écu. Buste lauré drapé et cuirassé. ℟. Ecu de France. Paris, 1643. (H. 91). Arg. Très belle pièce.

209 — Demi-écu, Paris, 1642. (H. 88). Arg. TB.

210 — Quinze sols. Paris, 1642 (H. 89, 97). — Douzième d'écu. Paris, 1642 (H. 100). Ens. 3 p. Arg. TB.

211 *Louis XIV.* Louis au buste juvénile. Paris, 1679. (H. 26). Or. TB.

212 Double louis. Tête laurée à dr. ℟. Ecu de France. (H. 28). Lyon, 1690. Or. Superbe pièce. FDC.

213 — Louis, même type. Bourges, 1691. (H. 29). Or. TB.

214 Quart d'écu (H. 44). Huitième (H. 45). Quart d'écu de Navarre (H. 51). Huitième (H. 52). Arg. Ens. 4 p. TB.

215 Ecu mèche courte. Paris, 1645. (H. 55). Arg. TB.

216 Ecu mèche longue. Bordeaux, 1649. (H. 74). Arg. TB.

217 Demi, quart et douzième d'écu mèche courte. (H. 59, 61, 63). Demi-écu, mèche longue. (H. 76). Arg. Ens. 4 p. TB.

218 Ecu de France-Navarre, 1660. Buste enfantin. ℟. Ecu de France-Navarre (H. 79). Arg. B.

219 Ecu de France-Navarre-Béarn. 1653. (H. 83). Arg. B.

220 Ecu blanc au buste juvénile. Bayonne, 1665. (H. 102). Arg. TB.

221 — Demi-écu, même type. Rouen, 1662. (H. 103). Arg. Extrêmement beau.

222 Ecu blanc de France-Navarre-Béarn, 1682. Buste avec perruque et cravate. ℟. Ecu de France-Navarre-Béarn, (H. 109). Arg. Très beau et rare dans cet état.

223 Ecu du Parlement, Rennes, 1682. (H. 113). Arg. FDC.

224 — Demi-écu du Parlement, Rennes, 1682. (H. 114). Arg. Extrêmement beau.

225 Demi-écu Carambole. Paris, 1685. (H. 129). Arg. TB.

226 Ecu aux huit L, Bayonne, 1690. (H. 133). Arg. TB.

227 Demi-écu aux huit L, Paris, 1690. (H. 134). Arg. Extrêmement beau.

228 Ecu aux palmes, Paris, 1694. (H. 140). Arg. Beau.
229 Ecu aux insignes, Rennes, 1702. (H. 153). Arg. B.
230 Ecu aux huit L. Rennes, 1705. (H. 174). Arg. FDC.
231 Ecu aux huit L. Nantes, 1708. (H. 179). Arg. Très beau. Rare.
232 Ecu aux trois couronnes, Paris, 1709. (H. 187). Arg. Extrêmement beau.
233 Demi-écus. (H. 141, 149, 154). Arg. Ens. 3 p.
234 Quarts d'écu (H. 142, 155). — Dix sols. (H. 172). — Cinq sols (H. 173). Arg. Ens. 4 p. B.
235 Piéfort de la pièce de 6 deniers. Aix, 1710. (H. 249). Cuivre. Rare. AB.
236 Modène, 10 soldi, 1705, (H. 272). 5 soldi, 1704, (H. 273). Soldo, 1704, (H. 274). Bill. Ens. 3 p. B. Rares.
237 *Louis XV.* Louis aux lunettes. Lille, 1736. (H. 16). Or. Extrêmement beau.
238 Ecu Vertugadin, Bordeaux, 1716. (H. 27). Arg. TB.
239 Ecu de Navarre. Perpignan, 1718. (H. 34). Arg. Extrêmement beau.
240 Petit louis d'argent, 1720 (H. 33). — 20 sols de Navarre, 1719 (H. 38). — Sixième d'écu, Nantes, 1721 (H. 43). — Douzième 1720 (H. 44). Arg. Ens. 4 p. FDC.
241 Ecu de 9 livres. Amiens. 1723 (H. 40). Arg. FDC.
242 Ecu aux huit L, Amiens, 1725. (H. 45). Arg. Superbe pièce. FDC.
243 Demi-écu, Rouen, 1725 (H. 46). Arg. TB.
244 Ecu aux lauriers, Rouen, 1726. (H. 50). Arg. FDC.
245 — Autre, Caen, 1728. — Demi-écu (H. 51). — Ecu au bandeau. (H. 56). Arg. 3 p. B.
246 Ecu à la tête vieille, Rennes, 1774. (H. 62). Arg. TB.
247 Monnaies des Colonies (H. 84, 85, 92, 95, 97). Ens. 4 p. Argent 1 p. Cuivre. B et TB.
248 *Louis XVI.* Ecu de 6 livres, Paris, 1791. (H. 11). Arg. TB.
249 — Demi écu; 24, 12 et 6 sols (H. 13, 14, 15, 16). Ens. 4 p. Arg. TB.
250 Louis constitutionnel de 24 livres. Buste du roi. ℞. Le Génie de la Liberté. Paris, 1793. (H. 59). Or. Extrêmement beau; rare dans cet état.
251 Demi écu, 30 sols constitutionnels; 2 p. Arg. — 2 sols, 12 et 3 deniers; 3 p. Cuivre. Ens. 5 p. TB.
252 Lefevre, Lesage et Cie. Bon pour 20 sols, 10 sols, 5 sols. 1792. Arg. Ens. 3 p. TB.
253 *République.* Ecu de 6 livres. Lille, 1793. Arg. TB.
254 5 francs, an 8, Bordeaux. Arg. Extremement beau.
255 Fabrique du Vast. 10 et 5 cent. Cuivre, 2 p. TB.

256 Essai. Balancier perfectionné par Léonard Tournu, 1797, Cuivre. TB.
257 Monneron au serment du roi. 1791. (Hennin 217). Br. FDC.
258 — La Fayette, (Hennin 302). Bronze FDC.
259 — Rousseau, (H. 306). Bronze. FDC.
260 — Monnerons à la Fédération. 5 sols. 1791, 1792 (H. 431). — 2 sols (H. 342). — Monneron à l'Hercule. 1792. (H. 435). Ens. 4 p. Cuivre TB.
261 Manufacture de porcelaine, rue de Crussol, 1792. Arg. B.
262 Essai de 2 sols en métal de cloche (H. 288).
263 5 décimes, an 8. Tête casquée de la République. Arg. FDC.
264 Lavoisier. Essai de Gengembre, an 9, Bronze. TB.
265 *République Romaine*. Scudo sans date. Arg. Extrêm. beau.
266 2 Baïoques. Cuivre, 4 variétés. *République Cisalpine*. 30 Soldi, an IX. Arg. Ens. 5 p. TB.
267 — ALLA NAZ FRAN LA REP CISAL, etc... Ecu de 6 lire, an VIII. Arg. Très beau.
268 — L'Italie délivrée à Marengo. 20 francs, an 10. Or. TB.
269 *République de Gênes*. Ecu de 8 lire. 1791. Arg. TB.
270 *Napoléon*. Bonaparte. Essai de Gengembre An X. Br. FDC.
271 Tête laurée à dr. Essai de Salneuve. Bronze. TB.
272 5 francs. Rome, 1812, Arg. B.
273 — 2 francs, an 14 et 1809. — Francs an 13 et 1811. — Demi-franc, an 12. Arg. Ens. 5 p. TB et FDC.
274 *Joachim-Napoléon* Roi des Deux-Siciles. 12 Carlins. 1810. Arg. Beau.
275 5 lire. 1813. Arg. Extremement beau.
276 *Charles-Louis et Marie-Louise*, grands ducs d'Etrurie. Bustes accolés. Grand écu de Florence. 1807. Arg. FDC.
277 — Ecu de Pise, 1807. Bustes affrontés. Arg. TB.
278 *Joseph-Napoléon*. Roi des Deux-Siciles. 120 grani. 1808. Arg. TB.
279 — Roi d'Espagne. 20 réaux. Madrid. 1810. Arg. Très beau.
280 *Louis-Napoléon*. Roi de Hollande. Ducat 1809. Or. TB.
281 50 Stuyvers. 1808. Arg. FDC.
282 Balanciers destinés au roi de Hollande, 1808. Pièce d'essai par le procédé de Salneuve. Bronze. FDC. Rare.
283 *Jérome-Napoléon*, Westphalie. 10 francs, 1813. Or. TB.
284 — 5 francs, 1813. Or. TB.
285 — Thaler. 1812. Arg. TB.
286 — Thaler des mines. 1811. Arg. Très beau.
287 Marie-Louise, Murat, Hambourg, Java, etc. Cuivre, 15 p. variées.
288 *Charles-Frédéric*, comte d'Isenbourg, 1811. Frappe en argent du ducat. TB.

289 *Espagne.* Barcelone. 20 pesetas. 1812. Or. TB.
290 — 5 pesetas 1809; peseta, 1812; Arg. — 4 quartos 1809. Cuivre. Ens. 3 p. TB.
291 Siège de Girone. Douro de 1808. Arg. TB.
292 Siège de Tarragone. 5 pesetas. 1809. Arg. TB.
293 *Italie.* Siège de Palma Nova. 50 cent. 1814. Bill. B.
294 *Les Alliés à Paris.* Alexandre. Frédéric Guillaume. Br. 2 p. Module de 5 francs. TB.
295 *Louis XVIII.* Pièce de 5 francs, Rouen, 1822. Arg. FDC.
296 Mines d'Aniche. 30 sous 1820. — 12 sous. Cuivre. Ens. 2 p. TB.
297 *Charles X.* 5 francs, Paris, 1828. Arg. FDC.
298 Visite du prince de Salerne et de la duchesse de Berry à la Monnaie. 1825. Arg. FDC.
299 2 francs, 1828 ; 1 fr. 1830, Arg. — Essai du 10 centimes. Cuivre. Ens. 3 p. FDC.
300 *Louis-Philippe.* 5 francs, Strasbourg, 1847. Arg. FDC.
301 — 2 fr. 1847. — franc, 1848. — 50 cent. 1846. — 25 cent. 1846. Arg. Ens. 4 p. FDC.
302 *Henri V.* 5 francs. Buste à épaulettes. 1831. Arg. TB.
303 — Franc. 1831. Arg. — Essai monétaire. 1839. Buste couronné. Bronze. Ens. 2 p. TB.
304 *République de 1848.* Essais de 5 fr. 4 p. Essais de 10 cent. 2 p. Ens. 6 p Bronze TB. et FDC.
305 *3e République.* Indo-Chine française. 1889. Piastre, 50 cent., 20 cent., 10 cent. Arg. Ens. 4 p. FDC.
306. Essai de la pièce de 2 fr. à la Semeuse, par Roty. 1898. Arg. Tranche lisse. FDC.

MONNAIES ÉTRANGÈRES

307 **Allemagne.** *Ferdinand*, archiduc d'Autriche. Thaler du Tyrol. Arg. Très beau.
308 *Rodolphe II.* Empereur, Thaler du Tyrol, 1609. Arg. FDC.
309 *Mathias.* Thaler de Moravie, 1616. Arg. TB.
310 *Ferdinand II.* Thaler de Carinthie 1621. Arg. TB.
311 *Léopold.* Thaler du Tyrol. 1695. Arg. FDC.
312 *Joseph Ier.* Thaler du Tyrol. 1707. Arg. Extrêm. beau.
313 *Charles VI.* Double thaler du Tyrol. Extrêm. beau.
314 Lot de 110 p. Billon (quelques unes en arg.)
315 Lot de 162 p. Cuivre.
316 **Cologne.** *Dietrich II, comte de Mors.* Florin de Riel. (Reimann 311). Or. TB.
317 — Florin de Bonn. (R. 312). Or. TB.

318 — Varieté avec MONETA INRENSE. Or. TB.

319 *Salentin d'Isenbourg*. Son buste barbu à g. ℟. Ecu. 1575. Ducat de Deutz. (R. 323). Or. TB. Rare.

320 **Mayence**. *Jean II, Comte de Nassau*. Florin de Höchst. (R. 331). Or. TB.

321 — Florin de Bingen. ℟ + MONETA OPI. PINGE'SIS. Ecu parti de Mayence-Nassau, accosté de ceux de Cologne et Falckenstein. (Var. de R. 332.) Or. TB.

322 **Salzbourg**. *Wolfgang Théodoric de Raittenau*. Thaler s.d. (R. 2427). Arg. Extrêm. beau.

323 *Jean Ernest, Comte de Thun*. Thaler de 1688. Arg. FDC.

324 **Palatinat**. *Louis III*. Florin de Bacharach. Ecu écartelé. (R. 640). Or. TB.

325 — Variété. Ecu parti de Palatinat et Bavière. Florin, Or. TB.

326 *Louis IV*. L'Electeur debout. Florin de Bacharach. (R. 641). Or. TB.

327 **Francfort-sur-le-Mein**. Florin au nom de Sigismond empereur. (R. 879.). Or. TB.

328 **Hambourg**. Ducat de 1642 avec légendes gothiques. (R. 895 var). Or. TB.

329 — 32 schillinge 1808 et 1809. Arg. 2 p. B. et TB.

330 **Lubeck**. Thaler au St-Jean-Baptiste. 1559. (R. 6814). Arg. TB.

331 **Nuremberg**. Florin au St-Laurent. 1617. (R. 940). Or. TB.

332 — Aigle planant sur la ville. Thaler. 1721. Arg. TB.

333 **Autriche. Roumanie**. 18 p. Bill. 40 p. Cuivre. Ens. 58 p.

334 **Hongrie**. *Gabriel Bethlen*. Thaler de Kremnitz. 1621. Arg. TB.

335 **Pays-Bas**, Java, etc. 5 p. Arg. et Bill. 68 p. Cuivre. Ens. 73 p.

336 **Brabant**. *Philippe II*. Ecu d'Anvers 1575. Arg. B.

337 **Liège**. Siège vacant, 1792. Ecu. Arg. (R. 2657). — Escalin, Bill. Ens 2 p. B.

338 **Danemark**. *Frédéric VII*. Species daler de 1848 pour la mort de Christian VIII. Arg. Extrêm. beau.

339 **Suède Norwège**. Lot de 48 p. Cuivre.

340 **Russie**. Lot de 10 p. billon et 57 p. Cuivre. Ens. 67 p.

341 **Angleterre** et Colonies (Canada, Inde. etc). Lot de monnaies et tokens 11 p. Arg. et billon, 135 p Cuivre.

342 Aquitaine. Richard-Cœur de lion. Denier du Poitou (P. A. LIV. 16). — Edouard Ier. Deniers (P. A. LX, 13, 14). — Le Prince-Noir. Hardi (P. A. LXV. 18). Arg. Ens. 4 p. TB.

343 *Edouard III*. + EDVVARDVS. DEI. GRA. AGL. FRANCIE REX. Le roi assis. ℟. + XPC. etc. Croix dans un quadrilobe (P. A. LXI. 3 var.). Ecu d'or. Très beau. Rare.

344 *Edouard, prince de Galles*. Le Prince sous un dais. ℟. Croix cantonnée de léopards et de lis (P. A. LXIV. 14). Pavillon d'or. Rare.

345 **Espagne**. *Isabelle II*. Essai du doblon de 100 Rs, 1854. Tranche lisse. Arg. doré. FDC.

346 *Gouvernement provisoire*, 1868. L'Espagne assise. Essai de 5 pesetas, fr. en médaille. Arg. Tranche lisse. FDC.

347 — Même pièce en bronze. FDC.

348 Essai de 100 pesetas, 1870, en deux pièces. Br. FDC.

349 Lot de 5 p. Arg. et 55 p. Cuivre. Ens. 60 p.

350 **Portugal**. Lot de 89 p. Cuivre.

(Voir aussi n° 198).

351 **Italie**. Lot de 10 p. Arg. et Billon et 90 p. Cuivre.

352 **Monnaies Papales** (1). *Etienne VI et Arnolfe*. + SCS PETRVS. Monogr. STEFAN. ℟. + ARNOLFVS. IMP. Monogr. ROMA. Arg. Denier (C. 2). TB. Rare.

353 *Clément VI* (Comtat Venaissin). CLEMES. PP. SEXT. Buste de face. ℟. + AGIMVS : TIBI : GRAS : OMNIPOTENS : DEVS. En 2e lég. + COMES VENESI. Croix. Arg. Gros (C. 2). Très beau et rare.

354 *Urbain V*. Mitre avec P.P. Demi-gros d'Avignon (C. 6). Arg. B.

355 *Martin V*. MARTINVS : PP : QVINTVS. Le pape assis. ℟. 2 clefs et colonne (C. 15). Arg. Giulio. Beau.

356 *Nicolas V*. + NICOLAUS. PP. QVINTVS. Ecu. ℟. Saint Pierre debout. Or. Sequin (C. 1). TB.

357 *Pie II*. + PIVS. PAPA. SECVNDVS. M. Ecu. ℟. Saint Pierre debout. Or. Sequin (C. 2). TB.

358 *Sixte IV*. SIXTVS. PP. QVARTVS. Ecu. ℟. La barque de Saint Pierre. Or. Sequin (C. 3). FDC.

359 *Jules II*. Giulio (C. 21, 22, 33). Arg. Ens. 3 p. variées. TB.

360 *Adrien VI*. Ecu. ℟. Saint Pierre et saint Paul. Giulio (C. 7). Arg. TB.

361 *Clément VII*. BONONIA DOCET. Lion. ℟. Saint Pierre debout entre les écus du cardinal Cibo et de la ville. Or. Sequin (C. 13). TB.

362 COGENTE. INOPIA. REI. FRVMENTARIE Buste de Saint Pétrone sur l'écu de Bologne. ℟. Légende en 7 lignes, 1529. Demi-écu (C. 43). Arg. TB. Rare.

363 *Pie IV*. Teston (C. 14). *Pie V*. Testons (C. 14, 18). Arg. Ens. 3 p. B et TB.

364 *Grégoire XIII*. Teston au buste (C. 45). *Sixte V*. Teston (C. 88). Arg. Ens. 2 p. B. et TB.

365 *Urbain VIII*. Testons (C. 81, 96). — Giulii de 1624, 1629, 1631 (C. 199 et suiv.). Arg. Ens. 5 p. B.

---

(1) Les renvois sont faits à l'ouvrage de Cinagli *Le Monete de Papi*.

366 *Alexandre VII.* Main tenant une balance (C. 51). Arg. Teston. TB.

367 Buste à dr. ℟. FLAVIVS. CARD. GHISIVS. LEGAT. AVE. 1659. Armes du légat d'Avignon (C. 97). Arg. Carlino. Très beau et rare.

368 *Clément X.* Scudo de 1675. Arg. (C. 19.) TB.

369 — Autre scudo de 1675. Arg. (C. 24. TB.

370 — Autre scudo de 1675. Arg. (C. 26). TB.

371 *Innocent XI.* Scudo au St-Mathieu, an I. Arg. (C. 31). Très beau.

372 — Scudo, an III. Arg. (C. 37). TB., mais troué.

373 — Scudo, an VII. Arg. (C. 42). TB.

374 — Scudo aux armes. Arg. (C. 43). TB.

375 — Scudo de 1684. Arg. (C. 45). TB.

376 — Autre scudo (C. 54). — Testons, 1684 et 1686 (C. 80, 97). Arg. Ens. 3 p. TB.

377 *Siège vacant.* Scudo aux armes du cardinal Altiéri, 1689. Arg. (C. 2) Extrêm. beau.

378 *Alexandre VIII.* Teston de 1690. Arg. (C. 26). Très beau.

379 *Innocent XII.* Scudo de 1698. Arg. (C. 27). TB.

380 Gros d'Avignon. Buste du Pape. ℟. Armes du cardinal Ottoboni, 1693 (C. 129). Arg. Beau et rare.

381 *Clément XI.* Scudo de 1704, Arg. (C. 52). TB.

382 — Demi scudo, an XI (C. 86). Teston, an VI (C. 115). Grosso (C. 223). Arg. Ens. 3 p. B. et TB.

383 *Clément XI.* Demi-écu (C. 29). Testons, 1735 et 1736 (C. 47, 60). Gros, 1737 (C. 163). Demi-gros (C. 207). Arg. Ens. 5 p. B. et TB.

384 *Benoît XIV.* Quart de ducat. Or (C. 45). TB.

385 — Scudo, 1753 (C. 52). Double-jules, 1756 (C. 74). Gros (C. 206). Arg. Ens. 3 p.

386 Siège vacant, 1758. Scudo aux armes du cardinal Colonna (C. 2). Arg. TB. Bélière.

386 bis *Clément XIII.* Teston (C. 23). Double-jules (C. 37). Gros (C. 74). *Clément XIV.* Double-jules (C. 2). Arg. Ens. 4 p. B.

387 *Pie VI.* 60 baiocchi, 1797. Billon (C. 87). — Demi-écus, 1775 et 1777 (C. 148, 152). — Teston, 1785 (C. 176). — Double-jules, 1780 (C. 202). Arg. Ens. 5 p. B. et TB.

388 *Pie VII.* Scudo de 1802. Arg. (C. 18). TB.

389 — Scudo de 1818. Arg. (C. 27). TB.

390 *Siège vacant.* Demi-écu aux armes du cardinal Pacca. Arg. (C. 5). TB.

391 *Léon XII.* Scudo de 1825. Arg. (C. 8). Extrêm. beau.

392 *Grégoire XVI.* Scudo, 50, 30, 20 Baj. Arg. Ens. 4 p. TB.

393 *Siège vacant*. Scudo aux armes du cardinal Sforza 1846. Arg. (C. 2). Extrêm. beau.

394 *Pie IX*. Scudo, 2 lire, 1 lira, 10 soldi. Arg. Ens. 4 p. TB.

395 Lot intéressant; 7 p. Arg. et billon, 100 p. cuivre.

396 **Toscane**. *Cosme III*. Scudo de 1680. Le baptême du Christ Arg. TB.

397 — Tallero de Livourne, 1701. Vue du port. Arg. TB.

398 **Gênes**. Grand écu de 1664 (du doge Antoniotto Invrea). Arg. Très beau.

399 **Lucques**. Ecu, au Saint-Martin, 1747. Arg. TB.

400 **Saint-Marin**. 5 lire, 1 lira, 50 cent. 1898. Arg. 10, 5 cent. cuivre. Ens. 5 p. TB. et FDC.

401 **Suisse**, Essai de la pièce de 2 francs de Bovy, 1860. Arg.TB.

402 Essai de presse monétaire, 1854. Cuivre jaune. Beau.

403 *Berne*. Ecu de 4 Franken de 1798. Suisse debout. Arg. Superbe pièce, FDC.

404 **Empire Ottoman**, Tunisie, etc. Lot de 33 p. Arg. et bill., et 43 p. cuivre. Ens. 76 p.

405 **Afrique**. Colonies européennes, 11 p. Arg. et 5 p. cuivre; la plupart TB. ou FDC. Ens. 16 p.

406 **Chine**. Taël. Cinq chauve-souris. Arg. TB.

407 — Lot de 53 p. cuivre.

408 **Japon**. 10 p. Arg. 6 p. cuivre. Ens. 16 p.

409 **Cambodge**. Indo-Chine, etc. Lot de 10 p. Arg. et 23 p. cuivre. Ens. 33 p.

410 **Etats-Unis d'Amérique**. UNITED STATES OF AMERICA. Aigle éployé, tenant un foudre sur l'Ecu américain et un laurier. Dessous TWENTY D. Dans le champ : 900 THOUS, et LIBERTY sur une banderolle. R. En 4 lignes sur champ guilloché : UNITED STATES ASSAY — OFFICE OF GOLD — SAN-FRANCISCO — CALIFORNIA, 1853. Tranche cannelée. Pièce de 20 dollars. Or. Extrêmement belle, rare.

411 — Dollar de 1800. Arg. Très belle pièce.

412 Essai d'un 1/2 dollar 1869. Tête au bandeau. R. STANDARD SILVER. Dans une couronne : 50 CENTS. Jolie pièce. FDC.

413 **Sud-Amérique**. Lot de 6 p. Arg. et 78 p. nickel et cuivre.

MÉDAILLES

414 **Médailles papales.** *Paul II.* PAVLVS. II. VENETVS PONT MAX. Buste à g. R̸. HAS. AEDES. CONDIDIT. ANNO. CHRISTI. MCCCCLXV. Le palais de Venise à Rome. Br. 33 m/m. (Armand II. p. 32, 4 var). TB

415 *Paul III.* Son buste à dr. R̸. ALMA ROMA. Vue cavalière de Rome. Br. 42 m/m. (A. II. p. 168, 17 var). TB.

416 *Pie V et Paul IV.* Buste sur chaque face. Br. 31 m/m. (A. I. p. 225, 26). TB.

417 *Grégoire XIII.* Buste à g. R̸. VGONOTTORVM. STRAGES. 1572. Massacre de la Saint Barthélemy. Br. doré. 32 m/m. (A. I. p. 226, 37). TB. Trouée.

418 — 1575. Le pape ouvrant la porte sainte. Br. doré. 39 m/m. TB.

419 *Paul V.* Buste à dr. R̸. Vue de la chapelle Borghèse. Br. doré, 51 m/m. (Trésor num. XXVI. 5). TB. Trouée.

420 *Clément XI.* Buste à dr. R̸. Jésus dans la barque de Saint-Pierre. Arg. 38 m/m. TB.

421 *Benoît XIII.* Buste avec tiare à g. R̸. Le Pape ouvrant la porte céleste, 1725. Arg. 40 m/m. TB.

422 *Clément XII.* CLEMENS. XII. PONT. MAX. AN. III. Buste avec la tiare, bénissant à dr. R̸. ADORATE. DOMINVM. IN. ATRIO. SANCTO. EIVS. Portail de Saint Jean de Latran. Au bas, MDCCXXXIII. Arg. 71 m/m. (T. N. XLI, 6). Très belle médaille.

423 *Benoît XIV.* BENED. XIV. PONT. MAX. A. XVII. Buste à dr. signé O. HAMERANI. R̸. PANTHEI. DECORE. RESTITVTO. ET. AVCTO. Vue intérieure du Panthéon, au bas, AN. MDCCLVII. (T. N. XLII, 15). Or. 38 m/m. TB.

424 *Pie VI.* Buste à dr. R̸. Séjour du pape à Augsbourg. 1782. Arg. 39 m/m. (T. N. XLV. 4). TB.

425 *Pie VII.* Sacre de Napoléon Ier. Buste du pape à dr. R̸. Notre Dame. 1804. Arg. 40 m/m. (Millin. XXXI., 87). TB.

426 — Visite à la Monnaie, 1805. Arg. 40 m/m. (M. XXXI, 95). TB.

427 Visite des souverains d'Autriche au Quirinal. 1819. Arg. 41 m/m. (T. N. XLVII. 4). TB.

428 Musée Pio Chiaramonti. 1822. Arg. 42 m/m. (T.N. XLVII. 6). TB. Belière.

429 *Léon XII.* LEO. XII. PONT. MAX. ANNO. II. Buste à g. avec la tiare, signé G. GIROMETTI. F. R̸. IANVAS. COELI. APERVIT. Le pape ouvre la porte sainte. Or. 42 m/m. Très belle médaille, rare dans ce métal.

430 Visite du pape dans un hôpital. Arg. 42 m/m. (T.N. XLVII. 9.). TB. Trouée.

431 Chapelle dans la grotte de Genga. Arg. 42 m/m. (T.N. XLVIII. 3). TB.

432 *Pie VIII.* Buste à g. ℟. La Justice et la Paix. 1830. Arg. 42 m/m. TB.

433 *Grégoire XVI.* Buste à g. ℟. BENE MERENTI dans une couronne. Arg. 43 m/m. TB.

434 Buste à dr. ℟. Le port de Terracine 1842. Arg. 43 m/m. TB.

435 *Pie IX.* Buste à dr. ℟. Saint Pierre éveillant le Christ. Arg. 48 m/m. TB.

436 Buste à g. ℟. Monument aux morts de Mentana. 1867. Arg. 43 m/m. TB.

437 Buste à g. ℟. Jardin public. Arg. 44 m/m. TB.

438 *Léon XIII.* Buste à g. ℟. La Religion, 1879. Arg 44 m/m. TB.

439 Buste à dr. ℟. Armoiries du pape 1903. Arg. ovale. 48 m/m sur 31 m/m. TB.

440 *Pie X.* Buste de trois quart à g. Au dessus 1903 et armoiries. Plaquette uniface, arg. 55 m/m sur 37 m/m. TB.

441 — Même buste. ℟. Armoiries. 1903. Arg. 50 m/m. TB.

442 **Médailles françaises.** *Louis XIV.* Buste jeune à droite avec grande perruque. Superbe portrait. ℟. L'observatoire. 1667. Br. 68 m/m. Très belle médaille.

443 Prise de Lille par le Pr. Eugène. La ville bombardée. ℟. La tour de Babel 1708. Arg. 48 m/m. (V. Loon, V. 119). TB.

444 Prise de Lille et de Cassel. La France éplorée assise près de son écu auquel il manque un lis. ℟. Vue de Lille. 1708. Arg. 44 m/m (V. Loon. V. p. 119). TB.

445 Paix d'Utrecht. 1713. Anne d'Angleterre. Arg, 35 m/m. TB.

Les Médailles suivantes (N° 446 à 535) sont du module de 41 m/m, en bronze, *de frappe ancienne* et TB.

446 1643. Prise de Thionville.
447 — Prise de Trin et de Sture, 2 variétés.
448 1644. Bataille de Fribourg.
449 1645. Bataille de Nordlingue.
450 — Mariage du roi de Pologne.
451 1646. Prise de Dunkerque, 2 variétés.
452 1648. Le duc de Bavière battu et chassé, 2 variétés.
453 — Paix de Munster.
454 1654. Prise de Belfort.
455 1655. Prise de Landrecies, Condé et St-Guislain.
456 1656. Etablissement de l'Hôpital général.
457 1658. Guérison du roi à Calais.
458 1660. Mariage du roi, 2 variétés.
459 1661. Hommage du duc de Lorraine pour Bar.
460 1662. Promotion de Chevaliers du Saint-Esprit.
461 — Libéralité du roi pendant la famine.

462 — Les Carrousels.
463 1663. Prise de Marsal, 2 variétés.
464 — Alliance avec les Suisses.
465 1664. Etablissement des manufactures.
466 1665. La navigation rétablie.
467 — Colonie de Madagascar. Rare.
468 1666. Règlement pour les boues et les lanternes.
469 — Le port de Cette.
470 — Le port de Rochefort.
471 1667. Canal des deux mers. 2 variétés.
472 1668. Prise de Besançon.
473 — Paix d'Aix-la-Chapelle.
474 1669. Le nouveau pavé de Paris.
475 — La paix de l'Eglise.
476 1670. Conquête de la Lorraine.
477 1672. Quatre villes prises sur le Rhin.
478 — Passage du Rhin.
479 — Levée du siège de Charleroi.
480 1673. L'électeur de Brandebourg rejeté sur l'Elbe.
481 1674. Seconde conquête de la Franche-Comté. 2 variétés.
482 — Prise de la ville et de la citadelle de Besançon.
483 — Bataille de Senef.
484 — Défaite des Hollandais à la Martinique.
485 — Bataillle d'Ensheim.
486 1675. Les Allemands chassés de l'Alsace.
487 — Prise de Limbourg.
488 1676. Les Invalides.
489 — Prise de Bouchain.
490 — Combat naval de Palerme.
491 1677. Bataille de Cassel.
492 — Prise de Cambrai.
493 — Levée du siège de Charleroi. 2 variétés.
494 1678. Campagne d'Allemagne.
495 — Paix de Nimègue.
496 1680. Réduction des 10 villes d'Alsace.
497 — Le port de Toulon.
498 — Versailles.
499 1681. Réduction de Strasbourg.
500 — Prise de Strasbourg et de Casal.
501 — Port de Brest.
502 1683. Bombardement d'Alger.
503 — Naissance du duc d'Anjou.
504 1684. Bombardement de Gênes.
505 — Paix avec Alger.

506 1685. Soumission de Gênes.
507 1686. Naissance du duc de Berry.
508 — Ambassadeurs de Siam.
509 1688. Campagne du Dauphin en Allemagne.
510 1690. Bataille de Staffarde.
511 — Conquête de la Savoie.
512 1691. Prise de Nice.
513 — Prise de Nice et de Mons.
514 — Prise de Montmélian.
515 1693. Institution de l'Ordre de Saint-Louis.
516 — Bataille de la Marsaille.
517 — La marine florissante.
518 1695. Prise de Dixmude et de Deinsse.
519 1696. Campagne de 1696.
520 — Paix avec la Savoie.
521 1697. Conquêtes du roi.
522 — Mariage du duc de Bourgogne. 2 variétés.
523 1699. Construction de Neuf-Brisach.
524 1700. Chambre de Commerce.
525 1702. Protection au Commerce de Lyon.
526 1703. Prise du fort de Kehl.
527 — Prise de Brisach.
528 1704. Prise d'Ivrée.
529 1706. Prise de Nice.
530 1707. Ligne de Stolhoffen forcées.
531 1710. Naissance du duc d'Anjou.
532 1712. Victoire de Denain et levée du Siège de Landrecies.
533 1713. Campagne de 1713.
534 1714. Paix de Rastadt.
535 1715. Mort du roi.

536 *Louis XV*. Buste de Pierre-le-Grand à dr. ℟. Visite à Paris, 1717. Br. 59%. Très belle méd. de Du Vivier.

536 *bis* Entente du Saint Empire et de la France, 1737. Bustes accolés de Charles VI et de Louis XV soutenus par un ange, au-dessus d'un trophée. Arg. 56%. TB.

537 Expulsion des Jésuites de France, d'Espagne et de Portugal, 1773. Buste de Clément XIV. ℟. Le Christ chassant trois Jésuites. Arg. 45%. TB. Anneau.

538 *Louis XVI*. Le Parlement rendu aux vœux de la nation. ℟. Prisonniers délivrés à Toulouse, 1775. Arg. 40%. TB.

539 L'Amiral Paul Jones. Buste à dr. ℟. Combat naval, 1779. Br. 55% (T. N. LIII. 8). Très belle médaille de Dupré.

540 Les frères Montgolfier. Ascension au Champ de Mars. 1783. Br. 41%. B.

541 Canal de Bourgogne, 1783. Br. 50%. TB.

542 Le Bailli de Suffren. LE CAP PROTÉGÉ... etc. Médaille des Etats de Provence, 1784. Br. 49%. TB.

543 Rousseau. Buste de 3/4 à g. Br. 54%. TB.

544 Prise de la Bastille. Attaque de la forteresse, 1789. ℟. Fête de 1790. Br. 74%. TB.

545 — Vue de la Bastille. Devant, deux canons. Br. uniface. 69%. TB.

546 Convention de Pilnitz, 1791. Bustes de l'Empereur, du Roi de Prusse et de l'Electeur de Saxe à dr. Arg. 50%. TB.

547 Reprise de Francfort par les Allemands le 2 décembre 1792. Arg. 37%. TB.

548 Louis XVI et Marie-Antoinette. Bustes à dr. ℟. Les adieux du Temple, 1793. Br. 48%. TB.

549 *République et Empire.* Les artistes de Lyon à la Convention nationale. An I. Métal de cloche (Essai monét.) 39%. TB.

550 Mirabeau, par les Artistes de Lyon (Essai monétaire). Métal de cloche, 2 var. TB.

551 Défaite de la flotte française à Ushant, 1794. Buste de l'Amiral Howe à dr. Br. 41%. TB.

552 Mort de Louis XVII, 1795. Son buste à g. Br. 40%. TB.

553 Défaite de la flotte espagnole, 1797. Tête de l'Amiral Saint-Vincent à g. Br. 40%. TB.

554 Insurrection à Brescia. Prise du Broletto, 1797. Br. 63%. (Millin. LXI. 381). TB.

555 Defaite de la flotte Hollandaise, 1797. Buste de l'Amiral Duncan à g. Br. 40%. TB.

556 Honneurs rendus à Turenne. Translation de son corps au temple de Mars. An VIII. Son buste à g. Arg. 50%. (M. XI. 34) TB.

557 Le peuple vaudois à Laharpe, 1798. Br. 63%. (T.N.LXVIII. 1). TB. et rare.

558 Défense de Saint-Jean-d'Acre, 1799. Buste de Sidney Smith à g. Br. 40%. TB.

559 Attentat à la vie de Bonaparte. Sa tête à dr. ℟. Allégorie. Br. 59%. (M. XVI. 36). TB.

560 Tête de Bonaparte à g. ℟. Restauration de la République Cisalpine. Br. 52%. (T.N.LXXVII. 5). TB.

561 Bataille de Marengo, 1800. Buste de Bonaparte à g. Br. 50% (M. VIII. 25). TB.

562 Mort de Desaix. Son buste à dr. Br. 50%. (M. VIII. 26). TB.

563 Paix de Lunéville, 1801. Buste à g. par DROZ. ℟. BONHEUR AU CONTINENT. Br. 55%. (M. XI. 42). Superbe médaille.

564 La Paix d'Amiens, 1802. Le retour d'Astrée. Br. 39%. (M.XI. 52). TB.

565 Les Sciences et les Arts reconnaissants. Buste à dr. par DUVIVIER. Br. 55%. (M. V. 8.). TB.

566 Le Hanovre occupé par l'Armée française 1803. Br. 41%. (M. xxx. 69). TB.
567 Nelson mort à Trafalgar, 1805. Son buste Br. 40%. TB.
568 Institution des Sourds-Muets, 1805. Buste de l'abbé de l'Epée à g. R̸. OFFERT AU SOUV. PONT. PIE VII... etc. Br. 42%. TB.
569 Le blocus de l'Elbe forcé, 1805. Médaille allemande. Arg. 41%. TB
570 Royaume de Hollande. Médaille des électeurs de Rynland, 1806. Arg. 38%. (Nahuys. I. 6). TB.
571 Traité de Tilsitt, 1807. Buste lauré de Napoléon à g. R̸. Le radeau du Niémen. Etain 39%. (T. N. xx. 2). TB. Rare.
572 — Autre. Tête à dr. R̸. IL CE SON ENBRACE. Etain 38%. (T. N. xx. 3). TB. Rare.
573 Calendrier pour 1807. Le Temps assis. Médaille allemande de LOOS. Arg. 44%. TB.
574 Arrivée de l'Armée Anglaise dans la Péninsule, 1808. Tête de Wellington à dr. Br. 40%. TB.
575 Mort de sir John Moore à la Corogne, 1809. Son buste nu à g. Br. 40%. TB.
576 Entrée de l'Impératrice en France, 1810. La Cathédrale de Strasbourg. Arg. 32%. (M. XLVI. 255). TB.
577 Bataille de Salamanque et entrée de l'Armée Anglaise à Madrid. 1812. Br. 40%. TB.
578 Médaille militaire russe pour la campagne de 1812. Arg. 28%.. bélière. TB.
579 Philibert de L'Orme, architecte français (né à Lyon). Son buste à g. par GATTEAUX. 1813. Arg. 56%. (T. N. LVIII. 8). Très belle médaille. Rare.
580 — Même type, daté 1814. Au R̸. en creux : ARCHITECTURE. SECOND GRAND PRIX. Or, 36%. TB. Rare.
581 La tyrannie abattue. Tête laurée du prince de Galles, Georges, à g. Br. 53%. TB.
582 Paix de Paris, 1814. Médaille anglaise en étain, 45%. TB.
583 Le repos d'Hercule, 1814. Tête de la Britannia à g. Br. 40%. TB.
584 Paix de Paris, 1814. Tête d'Alexandre Ier. Br. 53%. TB.
585 — Autre. R̸. La Victoire assise. Br. 40%. TB.
586 Entrée du duc d'Angoulême à Bordeaux, 1814. Br. 40%. TB.
587 Entrée de Louis XVIII à Paris, 1814. La Ville recevant le roi au pied de la statue d'Henri IV. Arg. 68%. TB.
588 Entrée de l'armée anglaise à Paris, 1815. Tête de Wellington à dr. Br. 40%. (T.N. LXVI. 9). TB.
589 Traités de Paris, 1814-1815. Buste du régent d'Angleterre à g. Br. 40%. TB.

590 Retour de Louis XVIII à Paris, 1815. Tête à dr. ℟. Le roi dans un quadrige. Br. 50 m/m. TB.

591 La France entre dans la Sainte Alliance, 1815. Tête de Louis XVIII à dr. Br. 50 m/m. TB.

592 Ecu fleurdelisé. ℟. DONNÉE PAR LE ROI DE FRANCE EN 1815. Arg. 32 m/m. TB.

593 *Charles X*. Visite du roi et du dauphin à Mulhouse, 1828. Arg. 40 m/m. TB.

594 — Visite à Colmar, 1828. Arg. 35 m/m. TB.

595 *Louis-Philippe*. Les trois Glorieuses, 1830. Arg. 32 m/m. Bélière. TB.

596 Le choléra à Marseille, 1835. Br. 57 m/m. TB.

597 Funérailles de Napoléon Ier. Sa tête laurée sur un oreiller. ℟. Passage des cendres à Rouen, 1840. Br. 63 m/m. TB.

598 *Napoléon III*. Ministère de l'Agriculture et du Commerce. Médaille décernée au docteur Ozicki. Choléra 1849. Arg. 50 m/m. TB.

599 Comité des Assureurs maritimes du Hâvre. A la mémoire du comte de Besplas, victime de son dévouement. Cherbourg, 2 décembre 1863. Arg. 60 m/m. TB. Rare.

600 *Guerre de 1870-1871*. Deux canons en sautoir. ℟. SIÈGE DE PARIS. LE CITOYEN GAMBETTA S'ÉCHAPPE EN BALLON LE SEPT OCTOBRE 1890. R. F. Et. bronzé 80 m/m. TB. Rare.

601 Ambulance Richard Wallace. Et. et Br. 47 m/m. TB.

602 Prisonniers saxons conduits à Vincennes. Et. 45 m/m. TB.

603 Poste par Pigeons. Arrivée de deux pigeons d'Orléans. Br. 29 m/m. TB.

604 — Poste par pigeons et ballons. Et. 3 variétés 27 m/m. TB.

605 Deux canons en sautoir. ℟. APRÈS LE 4 SEPTEMBRE, ARRIVÉE EN FRANCE DES AVENTURIERS DE TOUS LES PAYS. GARIBALDI CLUSSERET, DOMBROMSKI, ITALIENS, POLONAIS, COQUINS DE TOUTES SORTES, BANDITS COSMOPOLITES, ETC., 1871. Et. 80 m/m. TB. Rare.

606 Méd. maçonnique, 29 avril 5871. Br. doré. 45 m/m. TB.

607 — Grande manifestation de la Franc-maçonnerie, 30 avril 1871. Et. doré 57 m/m. TB.

608 — Variété. Et. doré 50 m/m. TB.

609 — Autre variété. Et. doré 45 m/m. TB.

610 Entrée des Prussiens dans Paris. Et. Br. 68 m/m. TB.

611 Paix conclue à Francfort 10 mai 1871. Et. doré 50 m/m. B.

612 Amiens. Bombardement; mort du commandant Vogel, 29-30 septembre 1870. Et. doré 45 m/m. TB.

613 Lille. Pont Noyelle, 23 décembre. Et. doré 45 m/m. TB.

614 — Approvisionnement de Paris. Et. 48 m/m. TB.

615 Lyon. Départ de la première légion du Rhône. Et. doré 45 m/m. TB.

616 — Départ de la deuxième légion. Et. doré. 45 m/m. TB.
617 — Variété. Et. Br. 45 m/m. TB.
618 — Départ de la quatrième légion. Et. doré 45 m/m. TB.
619 — Retour des défenseurs de Belfort. Et. dor. 45 m/m. TB.
620 — Proclamation de la République. Et. doré. 45 m/m. TB.
621 Versailles. Séance du 29 mars 1871. Et. argenté 50 m/m. TB.
622 Inauguration de la statue de Bismarck à Berlin, 1901. Arg. 32 m/m. TB.
623 Bismarck. Jubilé. Arg. 25 m/m. Anneau. TB.
624 Albert de Saxe. 25me anniversaire de la guerre de 1870. Arg. 33 m/m. TB.
625 Siège de Paris 1870-1871. Ambulances de la Presse. Arg. 13 m/m. Anneau et croix. TB.
626 — Emploi des aérostats pour la défense de Paris. Très belle médaille par Chaplain. Br. 75 m/m.
627 Inauguration du monument aux soldats morts à Coulmiers, 1876. Br. 51 m/m. TB.
628 *République*. Lille. ETENDARD PRÉSENTÉ A ANVERS AU COMTE DE CHAMBORD PAR LE PARTI LÉGITIMISTE DE LILLE, 26 FÉVRIER 1870. Etendard fleurdelisé. ℞. A SON RETOUR LA DÉPUTATION EST ACCUEILLIE PAR UN CHARIVARI DÉCERNÉ PAR LA POPULACE SOULEVÉE PAR QUELQUES MENEURS. Et. 70 m/m. TB. Rare.
629 Concours de tir à Versailles, 1892. Offert par la Nationale, Cie d'assurances contre l'incendie. Arg. 51 m/m. Anneau. TB.
630 Ministère du Commerce. Epidémies. Roubaud, 1885. Arg. 27 m/m. Anneau et ruban tricolore. TB.
631 Ministère des Colonies. Courage et dévouement. Martinique 1902. Arg. 28 m/m. Bélière et ruban tricolore. TB.
632 Ministère de l'Intérieur. Actes de devouement. Jolie médaille de Roty. Arg. 27 m/m. TB.
633 Chambre de Commerce de Saint-Nazaire. Jolie médaille de Roty. Arg. Octogone. 45 m/m. TB.
634 *Napoléon III*. Médaille militaire. Mexique. *République*. Chine (2 var.). Dahomey, Madagascar (2 var.). Arg. Ens. 7 p.
635 **Autre Propriété**. *Nicolas V, Clément XII, Pierre Barbi, Stanislas de Pologne, Louis XII, Henri III et IV, Louis XIII, Anne d'Autriche*. Ens. 10 p. Br.
636 *Louis XIV*. Construction de 300 églises. Arg. 72 m/m. Refrappe. — Cambrai. — Alliance avec les Suisses, Br. Marie-Thérèse. Arg. Ens. 4 p.
637 *Louis XIV*. 3 p. refrappes. Boileau (coulée). Br. *Louis XV*. Sainte Geneviève, Arg. et 4 méd. Br. Ens. 8 p.
638 *Philippe d'Orléans*, 2 p. Br. — *Louis XV*. St Cast. Br. — Mariage du Dauphin. Prise de la Lorraine. Arg. — *Ch.-Ph. comte d'Artois* Plaque. Ens. 6 p.
639 *Louis XVI*. *Bonaparte*. Paix de Lunéville. *Charles X*. Sacre. Ens. 5 p. Br.

JETONS

640 *Louis XIV*. Extraord. des guerres et cavalerie légère. ℞. DEDIT VICTORIA GALLIS. 1648. Trophée (Paix de Munster). Arg. TB.
641 ÆDIF. REG. 1662. Colonnade du Louvre. ℞. M. P. MORISSET. DE 1662. Esculape debout. Arg. TB. Rare.
642 Bâtiments du roi, 1698. Arg. TB.
643 — 1714. Soleil ; au second plan, Notre-Dame. Arg. TB.
644 Syndics généraux des rentes, 1707. L'Hôtel de Ville. Arg. TB.
645 Marie Adélaïde, duchesse de Bourgogne, 1711. Bouquet. Arg. TB.
646 — 1712. Couronne delphinale. Arg. TB.
647 *Louis XV*. Bâtiments du roi. Caducée. Arg. TB.
648 Colonies françaises de l'Amérique. Buste habillé. ℞. NON INFERIORA METALLIS. 1754. Deux castors construisant leur digue. Arg. Beau et rare.
649 — Autre. 1751. Cuivre. B.
650 Menus plaisirs du roi. 1747. Thalie, Melpomène et deux génies. Arg. TB.
651 Mariage du roi. 1725. Rotenbourg ambassadeur à Berlin. Arg. TB.
652 Marie-Josèphe. Maison de la Dauphine. 1754. Cadran solaire. Arg. TB.
653 Mariage du Dauphin. 1770. Louis XVI à g. Arg. TB.
654 — Variété. Le buste à dr. Arg. TB.
655 *Médailles de Dassier*. (28 m/m). Jean Warin, graveur gén. des monnaies (né à Liège, 1604). M. 1675. Arg. TB.
656 Jacques Callot, graveur (né à Nancy). Arg. TB.
657 Abraham Duquesne (né à Dieppe, 1610). Arg. TB.
658 Du Plessis, cardinal, duc de Richelieu. Arg. TB.
659 Jacques Sirmond, jésuite (né à Riom). Arg. TB.
660 Jean-Baptiste Lulli, musicien (né à Florence). Arg. TB.
661 Pierre Gassendi (né à Champtercier, près Digne). Arg. TB.
662 François Sarrazin (né à Hermanville près Caen). Arg. TB.
663 *Paris*. Paroisse de Sainte-Geneviève. La sainte debout. 1702. ℞. Procession de la châsse. Arg. TB.
664 Louis-Henri Rouvière, pharmacien. 1706. Cuivre. B. Rare.
665 Société médicale, 22 mars 1796. Buste d'Hippocrate à dr. (Millin 71. 380). Arg. Octogone. TB.
666 Société médicale d'émulation. 1807. Tête de Xavier Bichat. (Millin 71. 446). Arg. TB.

667 Société de médecine pratique, fondée en 1808. Buste d'Hippocrate. Arg. TB.

668 — Autre. Caducée. Petit module. (T. N. 30. 3). Arg. TB.

669 Ecole de médecine. Tête d'Esculape. (M. 28. 194 var.). Arg. TB.

670 Comptoir Commercial, an IX. ℞. Pacte des négociants, an X. (M. 409 A.). Arg. Octog. TB.

671 Tribunal de Cassation (1800). Défenseurs avoués. (T. N. 81. 1). Arg. Octog. TB. Rare.

672 Préfecture de Police. Buste de Bonaparte. (T. N. 92. 13). Arg. TB.

673 Trésor public. Tête laurée de Napoléon Ier. (M. 72. 436). Arg. Octog. TB.

674 Ecole de droit, an XII. Aigle. (M. 72. 435). Arg. Octog. TB.

675 Chambre de Commerce. 1803. (M. 27. 181). Arg. Octog. TB.

676 Mariage avec Marie-Louise. 1810. (M. 47. 263). Arg. TB.

677 Translation des Cendres. N rayonnant. ℞. Tombeau. 1840. Arg. Petit jeton rare. TB.

678 Tête à g. de Louis-Philippe. ℞. Direction générale des Ponts et Chaussées et des Mines. Coq. Arg. Octog. TB.

679 Transports par eau réunis. Arg. Octog. TB.

680 — Variété. En plus : NAVIGATION INTÉRIEURE, 1er MAI 1843. Arg. Octog. TB.

681 *Assurances*. Beauceronne Vexinoise. Société d'assurances mutuelles contre la grêle. Gerbe. Arg. Octog. TB.

682 Assurance des prêts hypothécaires. Ouvertures de crédit aux notaires de la Société. 1879. Arg. Octog. TB.

683 **Province.** *Blaye*. Notaires de l'arrondt. La Loi assise de face. Arg. Octog. TB.

684 — Autre. La Justice à dr. Arg. Octog. TB.

685 — Même pièce d'un autre coin. Arg. Octog. TB.

686 *Bordeaux*. Tête de Napoléon Ier. ℞. Munificence du commerce. 1807. Arg. Octog. TB.

687 *Bourges* Chambre des Comptes. Trois béliers. ℞. Croix fleurdelisée cantonnée de couronnelles et de moutons. Cuivre. TB.

688 Ecus de France et de Navarre. ℞. SUMMA. IMPERII. APVD. BITVRIGES. 1635. Berger et bergère soutenant l'écu de la ville. Arg. TB. Rare.

689 *Bretagne*. Jeton des Etats. Hermine. 1707 et 1709. Arg. Ens. 3 p. TB.

690 — 1740, 1752 et 1758. Arg. Ens. 3 p. TB.

691 *Canal de Briare*. 1742. Armoiries. ℞. Trois fleuves. Arg. TB.

692 — Corne d'abondance. 1642. ℞. Les trois fleuves, an X. Arg. Octog. TB.

693 *Calvados.* Hygiène publique. Arg. TB.
694 *Le Havre.* Anciens courtiers. 1867. Arg. TB.
695 *Languedoc.* Jeton des Etats. Bustes accolés de Louis XV et de Marie Leczinska. 1730. Arg. TB.
696 — Victoire de Lawfeld. 1747. Arg. TB.
697 — Repos après la victoire (Paix d'Aix-la-Chapelle). 1749. Arg. TB.
698 — Jeton des Etats. 1756. Arg. TB
699 — Autre. 1760. Arg. TB.
700 — Autre. Vaisseau. 1762. Arg. TB.
701 — Ecu du Languedoc. 1768. Arg. TB.
702 — Autre. 1771. Arg. TB.
703 — Buste de Louis XVI. 1776. Arg. TB.
704 — Tête du roi. 1777. Arg. TB.
705 — Le cardinal de Bonzy. Ecu à ses armes. Cuivre. TB.
706 Secondes noces du dauphin. 1747. Arg. 31 m/m. TB.
707 *Laon.* Notaires. 1829. Charles X. Arg. TB.
708 — Autre, 1831. Louis-Philippe. Arg. TB.
709 *Lyon.* Prost de Royer, échevin. Ecu à ses armes. ℟. Ecu de Lyon entre les deux fleuves. 1773. Arg. TB. Rare.
710 Dispensaire général. 1818. Arg. TB.
711 Assurance mutuelle contre l'incendie. Tête de Charles X. Arg. Octog. TB.
712 *Marseille.* Choléra 1849. Arg. avec anneau. TB.
713 *La Rochelle.* Aunis et Saintonge, Société d'assurances mutuelles contre l'incendie. Arg. TB.
714 *Rouen.* Chambre d'assurances. 1743. Arg. TB.
715 — Autre s. d. Buste de Louis XVI. Arg. TB.
716 La Mutuelle de l'Ouest. Assurances mutuelles contre l'incendie. 1884. Arg. Octog. TB.
717 Compagnie l'Union. Bateaux à vapeur. Rouen la Bouille. Arg. Octog. TB.
718 *Soissons.* Arquebuse soissonnaise, 1866. Arg. doré. Octog. TB.
719 *Vendôme.* ANTOINE DVC DE VENDOSMOYS. Ecu couronné avec collier. ℟. + PER DE FRANCE. COMTE. DE. MARLE. S. Loup. à g. Cuivre. TB. Rare.

LIVRES DE NUMISMATIQUE

720 **Babelon** (E.). Monnaies de la République Romaine. Paris, 1885-86. 2 vol. in-8° brochés. Nombreuses gravures.

721 **Bonneville**. Traité des monnaies d'or et d'argent qui circulent chez les différents peuples. Paris 1806, in-f°. Nouveau traité des monnaies. Paris, 1849-51, in-f°. Ens. 2 vol. cartonnés. Nombreuses planches.

722 **Bompois**. Types monétaires de la guerre sociale, in-4. Br. 3 pl.

723 **Cohen** (H.). Planches des monnaies de la République Romaine. 75 pl. in-4. Relié.

724 (Combrouse). 52 planches, Monnaies Carolingiennes. Epreuves pour une monographie carolingienne offertes à ses amis... pour ses adieux numismatiques... MDCCCXLIII. Gr. in-4.

725 **Charvet**. Origines du pouvoir temporel des papes précisées par la numismatique. Paris, 1865, in-8. Br.

726 **Cubières**. Histoire abrégée des coquillages de mer. Versailles, an VIII, in-8, relié. Nombreuses planches.

727 **Deshayes**. Description des coquilles fossiles des environs de Paris. 2 vol. in-4, reliés. Paris, 1824.

728 **Dassy**. (Collection, monnaies royales et seigneuriales...) Vente, 1869, in-8. Br. Pl. et prix.

729 **Dewismes**. Monnaies du Comté d'Artois. 1866, in-8. Br. Planches.

730 **Grignon de Montigny**. (Objets d'art, médailles...) Vente, 1899, in 4. Pl.

731 Médailles grecques, romaines... Vente, 1880, in-8. Pl.

732 **Fillon**. Considérations sur les monnaies de France, 1850. — Collection Rousseau (monnaies féodales françaises) 1860. Ens 2 vol. in-8. Brochés.

733 **Gariel**. (Monnaies françaises). Vente, 1885, in-8. Pl. et prix.

734 **Jarry**. (Monnaies françaises, 1878). — (Médailles romaines. 1878) Ventes. Ens. 2 cat. in-8.

735 **Legras**. Jetons et méd. Vente, 1883, in-8.

736 **Marquis de Moustier**. Méd. romaines. Vente, 1872, in-8. Pl.

737 **Hoffmann**. Monnaies royales de France, depuis Hugues Capet jusqu'à Louis XVI. Paris, 1878, gr. in-4, 118 pl. 2 vol. Cartonnés.

738 **Le Blanc**. Traité des monnoyes de France, 1690. Avec pl. in-4. Relié.

739 **Lecoq-Kerneven**. Traité de la composition et de la lecture de toutes inscriptions monétaires. Rennes, 1869 in-8; 12 pl. — Carte numismatique de la Péninsule armoricaine, 1867.

740 **Letellier.** Description historique des monnaies gauloises, royales et seigneuriales. Paris, 1889-90. 4 vol. et 1 vol. de pl. in-12. Reliés.

741 **Poey d'Avant.** Monnaies féodales de France. 3 vol. in-4, 163 pl. Relié.

742 — Descriptions des monnaies seigneuriales françaises de sa collection. In-4. Broché. Pl.

743 **Promis.** Tavole sinottiche delle monete Italiane. Turin, 1869. In-4. Broché.

744 **Pillet.** Histoire du château et de la ville de Gerberoy, 1679. Relié.

745 **Prou.** Les monnaies carolingiennes de la Bibliothèque Nationale, 1896. In-4. Broché. 23 pl.

746 **Rich.** Dictionnaire des antiquités romaines et grecques, trad. par Chéruel. Paris, 1858. 2000 fig. dans le texte. In-8. Relié.

747 **Regnault.** Ventes, 1875, 2 cat. avec pl. et prix. **C. Richard.** Vente des monnaies, pl. et prix.

748 **Rossignol.** Des libertés de la Bourgogne d'après les jetons de ses états, in-8, nomb. fig. Br.

749 **Rouyer et Hucher.** Histoire du jeton au Moyen-Age. Paris, 1858, in-8, 17 pl. Tome I (seul paru). Broché.

750 **Richard.** Collection de jetons français. Vente, 1904, in-8. 9 pl. et prix.

751 **Roret** (Manuel). Numismatique ancienne et moderne par J.-B. Barthelemy. 2 vol. in-18, avec atlas.

752 **Saulcy** (De). Essai de classification des suites monétaires byzantines. Metz, 1836. in-8 et atlas, in-4, de 33 pl. Reliés.

753 — Numismatique de la Terre-Sainte. Paris, 1874, in-4; 25 pl. Broché.

754 — Histoire numismatique du règne de François Ier. Paris, 1876, in-4. Broché.

755 Collection de médailles et monnaies de 1870-71. Vente 1889. In-4. Broché. Nomb. figures.

756 Trésor de numismatique et de glyptique. Médailles coulées, et ciselées en Italie. 1 vol. 1834, 40 pl. in-f°. Cartonné.

757 — Médailles françaises, 2e partie (œuvre de Dupré et Warin). — 3e partie (Louis XIV à Louis XVI). Ens. 2 vol. in-f° avec pl. Reliés.

758 Brochures diverses. Un lot.

759 — Autre lot de brochures.

760 *Bizot.* Histoire métallique de la République. Amsterdam, 1668. 3 vol. in-18, nombreuses pl. Rel.

761 *Luckius.* Sylloge numismatum elegantiorum. Strasbourg, 1620. Petit in-f°, nombr. gravures. Relié.

762 *Van Mieris*. Histori der nederlansche Vorsten. La Haye, 1732, 3 vol. in-f°, nombr. fig. Relié vélin.

763 *Van Loon*. Beschryving der nederlandsche Historipenningen. La Haye, 1723, 4 vol. in-f°, nombr. gravures. Relié vélin.

27

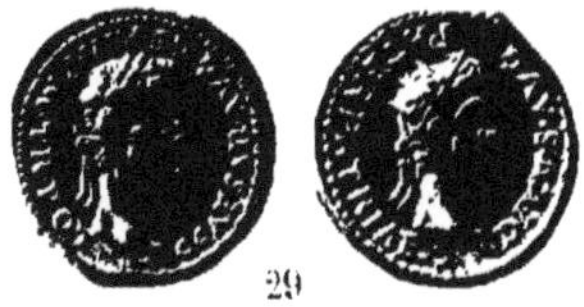

29

33

42

198

68

82

719

100

Ét. BOURGEY, Expert, 19, rue Drouot, Paris.

Phototypie Berthaud, Paris

C. CHATOUR RUE MILTON 30

www.ingramcontent.com/pod-product-compliance
Ingram Content Group UK Ltd.
Pitfield, Milton Keynes, MK11 3LW, UK
UKHW021117290826
14628UKWH00014B/2603

9 782329 305288